AF226572

CE QUE COUTENT LES RÉVOLUTIONS

LETTRE
AUX RÉPUBLICAINS
DE LA
SAINTONGE ET DU MARAIS

PAR

TH. CH. GANDAILLIER.

De la Lumière de la Lumière
encore !

MICHELET.

NIORT

IMPRIMERIE TYP. LITH. PAUL MORIN

rue du Temple, 2.

1879

CE QUE COUTENT LES RÉVOLUTIONS

LETTRE
AUX RÉPUBLICAINS
DE LA
SAINTONGE ET DU MARAIS

PAR

TH. CH. GANDAILLIER.

De la Lumière de la Lumière encore !

MICHELET.

NIORT

IMPRIMERIE TYP. LITH. PAUL MORIN

rue du Temple, 2.

1879

À Mr A. DE LA PORTE,

> Député de la 2ème Circonscription
> des Deux-Sèvres.

Mon cher Ami,

En souvenir de nos luttes contre la Réaction, je vous dédie cette modeste brochure. Je ne crois pas que la propagande Républicaine doive s'arrêter, sous le prétexte que la République triomphe. Ce triomphe ne peut suivant moi être durable qu'à une condition; c'est que nous continuions à répandre les idées libérales dans nos campagnes les plus reculées. Si nous restions immobiles, nous verrions nos ennemis, profiter bien vite de cette immobilité, et troubler le pays par leurs calomnies habituelles. Ces calomnies sont usées à l'heure actuelle, il ne dépend que de nous qu'on ne puisse les renouveler en leur donnant de la force, c'est pourquoi je considère comme un devoir de mettre nos amis en garde contre les efforts à venir de la Réaction, en contribuant à les instruire dans la mesure de mes moyens.

Votre ami dévoué,

GANDAILLIER.

PLUS DE RÉVOLUTIONS !

I

Mes chers amis,

Le trente Janvier dernier, pendant que vous vaquiez à vos occupations habituelles, un grand changement s'opérait à Versailles dans le gouvernement, et vous ne vous en doutiez pas. Mr de Mac-Mahon cédait sa place de Président de la République à Mr Grévy, simplement, sans bruit. sinon sans regrets, (car la place est excellente, croyez le bien.) par le seul effet d'une démission et d'un vote du Congrès. Beaucoup d'entre-vous attendaient avec impatience 1880, qu'ils soient satisfaits, il est arrivé 18 mois en avance. Pour le plus grand bien du pays, nous avons enfin un Président républicain et la *poudre n'a pas parlé,* au grand regret des dignes Bonapartistes ces pécheurs en eaux troubles émérites!

Le Maréchal qui n'avait pas pour la République un culte bien profond s'est décidé à rentrer dans la vie privée au lendemain du cinq Janvier, en cela il a agi sagement. Nommé au 24 Mai par les Monarchistes en haine de la démocratie, il faut reconnaître qu'il n'a point trompé ses amis, ce qui n'empêche pas que ceux-ci, dans ces derniers temps, le traitaient de la belle façon, surtout les Bonapartistes.

Ces braves gens avaient bien compté qu'il irait jusqu'au coup d'état, c'est-à-dire jusqu'au crime, mais comme au fond il est honnête homme, il s'en est tenu au 16 Mai, c'est déjà trop pour sa mémoire. Nous voulons être justes avec un adversaire quand même et toujours, aussi nous n'hésitons pas à déclarer que le plus beau moment de sa vie politique, a été celui où de lui même et avec une certaine dignité il est descendu de son fauteuil présidentiel; tout prêt à le céder à un vrai Républicain. Certains d'entre vous pourront penser qu'il ne lui était guère facile de rester le chef d'une République qui avait triomphé malgré lui et pour mon compte personnel je serai de leur avis, car si les élections n'eussent point été Républicaines non seulement il n'aurait probablement pas donné sa démission, mais il y a cent à parier contre un que de Broglie et de Fourtou l'auraient entraîné vers de nouvelles aventures. Quoi-qu'il en soit il nous est permis de nous féliciter que Mr Grévy soit Président de la République, et que Mr de Mac-Mahon soit rentré dans la vie privée, désormais il appartient à l'histoire sera-t-elle indulgente pour lui ? Ne lui ôtons pas cette dernière espérance.

Ce qui me réjouit profondément par exemple c'est le désappointement de nos bons Bonapartistes. Rappelez-vous leurs prophéties d' hier. Selon eux Mac-Mahon en 1880 devait mettre le *Petit* sur le trône avant de sen aller; rien n'était plus sûr, c'était bien le moins qu'il put faire pour un gendre, car l'héritier de Sédan devait épouser la fille du Maréchal, alors quel bon coup de balai on donnerait à ces gueux de Républicains! Les fêtes du mariage et du couronnement consisteraient en canonnades et fusillades prolongées non seulement sur les Boulevards de Paris comme en 1851, mais même dans nos villages, le Maréchal RRran! serait grand maître des cérémonies, toujours comme en 1851; on pouvait compter sur lui pour tout organiser, et pour faire Brillant c'est-à-dire *Sanglant*, n'avait-il pas fourni ses preuves à la fête de Décembre en mitraillant le Boulevard Montmartre ! et tous ces beaux projets mis en avant par des intrigants et recueillis par des imbéciles comme articles de foi, se sont effondrés le trente Janvier dernier sous le poids du vote nommant Mr Grévy président de la République pour sept ans!

Franchement, mes amis, j'en ris à me tordre et j'aurais bien voulu voir la mine de cet excellent (ex Baron) Petiet quand il aura appris le grand événement. Comment s'y prendra-t-il pour consoler ses dignes amis, Mr Soreau de Rohan-Rohan par exemple, le dévoué Ribouleau (§) et cet excellent M\ Péroche qui attend toujours sa justice de paix si malignement ravie par les Républicains ! Était-il donc écrit là haut qu'il n'en jouirait que trois semaines, pardon, c'est trois mois que je veux dire !

Oh ingrate destinée ! qu'ils doivent envier aujourd'hui le sort de leur émule Baratte ! « il
« est bien heureux celui là, doivent-ils se dire, le
« seigneur a détourné le calice de ses lèvres, il
« est mort la veille du triomphe de cette satanée
« République ! Quant à nous, trois fois malheu-
« reux, qui ne sommes plus jeunes, remettrons
« nous l'échéance de nos espérances à sept ans ?
« C'est bien long, et avec un président comme
« Grévy il n'y a guère à s'y fier. » Et je vois d'ici ce bon M\ Soreau au chapeau légendaire courbant la tête sous les coups multipliés de la malechance, se plonger de plus en plus dans la lecture du Pays, de la Revue de l'Ouest, du Conservateur etc . . . et être obligé de reconnaître enfin que le Pays rage, que la Revue rabâche, et que le Conservateur, ne sait plus ce qu'il dit tant il est furieux de voir ses ex abonnés se diriger vers le bureau du Mémorial. Quant à nous, mes amis, rions ensemble du dépit de ces bons *Badinguets* comme on les appelle dans nos villages, que ce soit là notre seule vengeance de tout le mal qu'ils ont voulu nous faire avant et pendant le 16 Mai. Nous sommes forts, soyons cléments. Par exemple puisque nous avons ré- ussi à les chasser de la maison ôtons leur les clés. A la porte des Mairies, Messieurs les Bona-

partistes ! à la porte des Conseils! à la porte de
tous les emplois salariés ou non ! on ne sert pas
une République qu'on voudrait étrangler, que dia-
ble ! Nous ne voulons point employer vos petits
moyens de gouvernement contre vous, rassurez
vous donc. Ce que nous voulons c'est que vous
viviez dans vos maisons bien tranquillement, bien
gentiment sans prendre aucune part aux affaires
de la République. Comme consolation, vous pourrez inventer toutes les bourdes imaginables et les
débiter à qui voudra les entendre; je doute que
vous réussisiez à trouver beaucoup de *Gobeurs*,
s'il en reste encore quelques uns, tant mieux
pour vous. A ceux là, je le crois sans peine, vous
pourrez vanter les grands bienfaits d'un régime qui
commence par un crime et qui finit par une honte.
Votre cocarde est sanglante, elle est boueuse, M^rs
les Bonapartistes, et elle porte en légende, Brumaire,
Waterloo, deux Décembre, Sédan, ! estimez vous
heureux que nous voulions bien nous contenter
de rire de vous!

II

CE QUE C'EST QU'UNE RÉVOLUTION.

La joie que j'éprouve à dauber les badinguets, m'a fait perdre de vue le titre et le sujet de ma brochure, j'y reviens, mes amis. Je veux vous dire ce que c'est qu'une révolution. Comme je tiens à vous convaincre j'en appellerai à l'histoire et à ses enseignements et nous conclurons ensemble.

Les rois qui sont des hommes comme nous, se sont imaginés de tout temps que la nature les avait produits pour être nos maîtres absolus. Tous se sont intitulés rois par la grâce de Dieu. Depuis 1789 ils ont pris l'habitude d'ajouter à la vieille formule les mots suivants : et la **Volonté Nationale;** ce qui a longtemps trompé le peuple sur les intentions des Rois, mais ce qui ne le tromperait plus aujourd'hui. Croyez-vous donc qu'ils se préoccupent de la Volonté Nationale une fois arrivés aux trônes? Ils s'en soucient si peu, que si par hasard le peuple se risque à manifester une volonté, ils le traitent en rebelle et le font mitrailler. En règle générale les rois ne se maintiennent sur leur trône que par la terreur qu'ils savent inspirer.

Je ne veux pas aller chercher mes exemples bien loin dans l'histoire, je préfère m'adresser aux souvenirs des plus anciens d'entre vous. Il vous sera d'autant plus facile de vous assurer par vous même de la vérité de ce que je vais vous raconter. Lorsque Louis XVIII monta sur le trône, on s'apperçut bien vite que le proverbe, **bon chien chasse de race,** devait lui être appliqué. La race des Bourbons s'est toujours fait remarquer par son égoïsme en effet, et le comte de Provence poussait dit-on l'égoïsme jusqu'à la férocité. Ce fut bien autre chose quand il fut roi, la férocité devint de la frénésie. Les vengeances qui ont été exercées de par ses ordres contre ceux qui ne l'aimaient pas furent atroces. Il s'imaginait être le roi de droit divin et trouvait toute naturelle la manière dont il était monté sur son trône. La vérité est que la volonté nationale n'avait point été consultée, et qu'il n'en prenait nul souci. Rentré en France à la suite de l'invasion, son escorte n'était composée que de Hulans Prussiens, ou de Cavaliers Anglais. Il la devait à la générosité de Blücher et de Wellington, (deux noms maudits). C'était bien le moins que ces étrangers le prissent sous leur protection, car nul plus que lui n'avait été heureux de leurs succès, et il était tout disposé à leur laisser traiter la France en pays conquis. Si vous croyez que je vous en impose, allez vous informer près des patriotes de l'Alsace et de la Lorraine. Ils vous diront ce qu'ils ont eu à souffrir de l'invasion de 1815, ils vous diront aussi, les vaillants, le nombre de Kaiserliks et de Cosaques qu'ils ont fusillé au coin de leurs forêts de Pins. Les Bourbons ont bénéficié seuls de toutes ces horreurs. Quand l'ennemi eut débarrassé de sa présence le sol de la patrie, la prudence la plus vulgaire leur conseillait de chercher le pardon de leur origine dans une administration douce et réparatrice, loin de là ils ne cherchèrent que la vengeance. Louis XVIII ordonna la Terreur blanche quoi qu'en disent nos bons légitimistes. Les ombres des Ney, des Brune, des Labédoyère, des Berton, des Faucher se dressent devant sa mémoire, et si on veut accoler une épithète à son nom pour caractériser son règne, suivant l'ancien usage, il s'appellera **Louis le Sanglant.** Ce n'est pas à un royaliste à médire de la Terreur rouge, sans doute elle a été le résultat d'un crime ; mais ce crime s'explique et se pardonne quand on songe aux quinze siècles d'oppression et de souffrance que le peuple eut à subir. Qu'au milieu des ivressses de la liberté, il ait frappé ses tyrans, quoi de surprenant ? mais en 1815 alors que la France à terre râlait sous la botte des cosaques, alors que le peuple immobile et morne laissait les Bourbons s'emparer du pouvoir sans protester, qu'elles raisons acceptables pourraient-ils fournir de cette terreur blanche, qui sera leur honte éternelle, sinon celle qui résulte en vérité de leurs rancunes basses et odieuses ?

Donc ils ont frappé par vengeance une nation demi-morte qui leur faisait peur encore dans son agonie ! Dites donc mes amis, ne trouvez vous pas, comme moi, que cette race des Bourbons est désormais maudite, et que nos fusils partiraient tout seuls le jour où ils tenteraient de nous remettre sous le joug ?

Ce n'est pas tout cependant, nous avons contre eux d'autres griefs aussi sérieux, retenez les bien, les voici : à la suite de Louis XVIII revinrent en France les nobles émigrés, lesquels s'abattirent sur elle comme des vautours sur une proie. Tel d'entre eux qui avait gagné un grade dans les armées Prussiennes, Russes ou Autrichiennes en combattant contre nous à Champaubert, à Montmirail, à Montereau, sous Paris et même à Waterloo, tel qui avait trahi sur le champ de bataille comme Bourmont d'excécrable mémoire fut grassement récompensé de son crime. Aux plus vieux on donna des bénéfices et des pensions, aux plus jeunes des cordons de Saint-Louis et des grades supérieurs, tandis que nos soldats et nos officiers de Jemmapes, de Fleurus, de Hohenlinden, d'Arcole et de Marengo étaient licenciés ou renvoyés en demi-solde. On les traitait de brigands, ces héros de vingt batailles gagnées! Louis XVIII les condamnait à crever de faim! Telle était la récompense qu'ils obtenaient de ce roi de la France, eux qui avaient couvert de gloire le nom de cette patrie adorée !...

En voilà assez pour expliquer et comprendre 1830 et je n'ai pas fini : Vous parlerai-je du milliard pris sur nos économies et attribué aux émigrés à titre d'indemnité? Des acquéreurs de biens nationaux c'est-à-dire de la classe rurale tout entière inquiétée et enfin de cette tyrannie cléricale la plus odieuse de toute parce qu'elle pénètre partout ? Vous parlerai-je de cette loi du sacrilége, du repos forcé du dimanche ? de toutes ces lois votées par une chambre enragée de cléricalisme ? ce serait dépasser les limites de mon cadre aussi je m'en tiens là. Nous en savons assez pour constater loyalement que jamais révolution politique ne fut plus légitime que celle de Juillet, si ce n'est celle de 89 dont elle est pour ainsi dire la conséquence.

Le moment est venu de vous dire ce que coûte une révolution même quand elle est indispensable. On attribue celle de 1830 aux ordonnances, la vérité est que les crimes et les fautes de toute nature des Bourbons en ont été la cause. Pendant leurs quinze années de règne, ils n'eurent qu'un but rétablir l'ancien régime, et si le peuple n'y eu mis bon ordre, l'envahissement lent mais sûr de la noblesse et de la caste sacerdotale eut certainement amené ce résultat. Qui oserait, dire que sans 1830 et sans 1848 nous ne serions pas revenus aux temps maudits ou florissaient la Dîme, le Terrage, la Banalité, la Corvée et enfin le Cuissage ce droit si cher aux détenteurs mitrés de bénéfices, avant 1789 ! Non le peuple n'a rien compris à ces ordonnances sur la presse ! Pour lui l'intérêt était bien plus grand, il s'agissait de chasser les Bourbons odieux, et de venger ainsi les hontes et les outrages de 1815. Ce qu'il voulait, c'était rendre à l'Europe ses protégés imposés par le canon de Waterloo, c'était donner la chasse aux cagots, calotins, congréganistes de toute sorte et autres courtisans royaux, qui le menaçaient sans cesse de rétablir à ses dépens l'ancien Régime! Donc le peuple de 1830 c'est le peuple de 89, brisant comme Lazare la pierre de son tombeau, c'est la France ressuscitée enfin, se levant frémissante l'étendard aux trois couleurs à la main, au milieu du sombre orage révolutionnaire, pour reprendre cette liberté ravie par ses tyrans !

Ce n'est pas sans raison qu'on a donné le surnom de Glorieuses aux journées de Juillet. Pendant trois fois vingt-quatre heures le sang coula à flots, un grand soleil suivant un poëte éclaira le triomphe de l'armée du droit; mais ce qu'on ne saura jamais au juste c'est le nombre des victimes qui le payèrent de leur vie ! beaucoup d'entre elles reposent sous la colonne placée à l'endroit même où jadis se dressaient les sombres tours de la Bastille menaçante. Lorsque vous irez à Paris, mes amis ne manquez pas d'aller rendre visite à la colonne de Juillet, ce pélérinage vaut mieux que celui de Lourdes vous pouvez m'en croire, il est inspiré par le patriotisme le plus noble, l'autre n'est inspiré que par une ridicule superstition. Quelque légitime que soit une révolution, elle ne s'accomplit jamais sans que le Peuple verse son sang si précieux. Un roi n'est pas aussi facile à chasser qu'un laquais, il a des créatures payées par lui pour le défendre, il a des courtisans, des gens en place dignes conservateurs de leurs appointements, si le reste de la Nation se plaint d'être mal gouverné, ils

le traiteront volontiers en rebelle, car pour eux
du moment qu'ils émargent au budget d'une façon
régulière, tout va bien. Quand viendra le jour où
la Nation s'armera pour en finir, alors vous ver-
rez cette meute de repus se serrer autour du roi
pour lequel elle a moins d'affection qu'elle n'en
affiche; mais le roi donne la curée de chaque
jour, et c'est pour conserver le droit d'y prendre part qu'on tire sur ce peuple auquel on donne le
nom d'insurgé. Insurgé soit, mais insurgé sublime
car il est désintéressé, lui qui ne se bat que pour une
idée, tandis que vous bonapartistes ou royalistes,
vous ne vous battez que pour le ventre en vrais
mercenaires que vous êtes!

Voilà en quelques mots le récit de la Révolution de 1830 et des causes qui la firent éclater.
Passons si vous le voulez bien à celle de 1848.

— 1848 —

Vous venez de voir ce qu'à coûté au peuple
la révolution de 1830, eh bien ! il y a une chose
triste à dire c'est qu'il n'en tira aucun profit.
Hélas! c'est le sort de toute révolution sanglante
d'aboutir à la Réaction. 93 nous a valu Thermi-
dor, le Consulat et l'Empire, triple étape du des-
potisme, 1830 nous a valu les d'Orléans et la
Royauté du mépris, Février nous vaudra le second
Empire, et la Commune a engendré les 24 et 16
Mai. Quel enseignement nous devons tirer de ces
résultats désastreux ! Retenez bien ce que je vais
vous dire, le lendemain d'une révolution il se produit
ce phénomène très facile à expliquer; le peuple qui
s'est vaillamment battu, éprouve la lassitude qui est
la suite forcée d'une puissante surexcitation. Alors
il rentre chez lui dépose ses armes, sans plus se
préoccuper des fruits qu'il est en droit d'attendre de
ses sacrifices. Cette façon d'agir convient à son
désintéressement , mais elle est contraire à ses in-
térêts. Pendant qu'il reste immobile, une foule de

gens, qui se sont tenus loin des barricades, hors la portée des balles et des boulets, commencent à se mouvoir dans l'ombre. Suivant une expression vulgaire, ils mettent le nez à la fenêtre, ils aspirent de quel côté vient le vent, puis voyant que le Lion est rentré dans sa cage, ils se rendent aux lieux où s'abrite le pouvoir et s'en emparent, puis ils mettent une muselière au Lion et la farce est jouée. Le peuple a cru combattre pour la liberté, il a combattu pour un d'Orléans, ce Bourbon Cadet qui n'a eu d'autre mérite que de jalouser son aîné. Jolie famille décidément où on pratique avec une désinvolture charmante le fameux, ôte-toi de là que je m'y mette, qu'en pensez-vous ? Un vieux soutien de la monarchie, juge à propos de dorer la pilule, il dit que ce d'Orléans est la meilleure des Républiques, deux douzaines d'intrigants appellent l'attention du nouveau roi sur eux, en vue de la curée toujours, battant des mains très fort, et voilà le coup fait, la Révolution est avortée, dans dix huit ans il faudra la recommencer, et dire qu'il en a été ainsi pendant près de 80 ans ! L'apprentissage de la vie politique est dur pour les peuples, il faut en convenir.

Donc le peuple qui voulait la République en Juillet 1830 eut la monarchie. On la replâtra quelque peu, mais comme après tout on ne saurait exiger de la monarchie autre chose que des abus, les abus continuèrent à s'étaler au grand jour. Il faut à un roi une cour, la meilleure des Républiques avec Louis-Philippe eut une cour, il faut

une aristocratie, mais la noblesse boude, je crois
bien! 1830 a été fait contre elle, on crée une noblesse d'argent. La devise de bataille de ces nou-
veaux gentilshommes sera ce fameux, **enrichissez
-vous,** de Guizot, formule victorieuse s'il en fut
jamais qui donnera l'impulsion nécessaire à de
grands génies lesquels finiront par aller s'échouer
sur les bancs des cours criminelles: témoin le
ministre Teste. Le clergé au début boude comme
la noblesse, mais la reine est bigote, il va prendre le chemin des Tuileries, il n'est pas du reste
dans son tempérament souple de se brouiller longtemps avec le Pouvoir. Enfin on crée une aristocratie électorale toujours d'aprés la formule Guizot,
et on la décore du nom de Pays légal. Deux cents
mille individus à peine reçoivent l'estampille de citoyen de par la volonté du roi, le reste de la
Nation est traité en ilote ou esclave ce qui est
la même chose. C'était bien la peine de se faire
tuer sur des barricades ! le beau résultat, que celui
qui consiste à changer un roi cóntre un roi ! On
en vient à se demander comment le peuple put
tolérer pendant 18 années qu'on se moquât de lui
aussi audacieusement ? La restauration avait le
mérite de la franchise, la royauté de Juillet fut
hypocrite et crapuleuse. L'humiliation plate devant l'étranger ne nous fut même pas épargnée,
rappelez-vous l'histoire du pharmacien Consul anglais
Pritchard devant lequel dut s'abaisser le drapeau
National! rappelez-vous les démarches honteuses
de la diplomatie de Louis-Philippe demandant à
l'Europe dédaigneuse l'aumône d'une reconnais-

sance authentique pour la nouvelle royauté! N'était-ce pas absurde de voir ce prince solliciter l'amitié de ces mêmes coalisés de 1815 à qui le pays venait de renvoyer le roi imposé par eux, et qu'il remplaçait ? Mais les rois ne se piquent guère de logique d'habitude, leur guide encore une fois c'est l'égoïsme. Peu de règnes ont été aussi agités que celui de Louis-Philippe et c'est en versant des torrents de sang qu'il a pu se maintenir jusqu'en 1848. Les massacres de la rue Transnonain, les répressions violentes de Lyon démontrent quel genre d'amour ce prétendu roi citoyen ressentit pour son peuple. Les émeutes se renouvelaient fréquemment, et l'exaspération devint telle chez quelques uns, qu'ils se laissèrent entrainer jusqu'à attenter à ses jours. Certes je déteste les Rois et les Empereurs autant qu'on peut les détester, j'estime qu'un peuple a bien le droit de s'en débarrasser quand ils l'oppriment, mais de tous les moyens à employer le plus mauvais est sans contre-dit l'assasinat. D'abord la vie humaine est chose sainte et partant inviolable. Quiconque y touche sauf dans certains cas prévus par la Loi, est criminel. Les rois sont des hommes, que leur vie soit respectée à ce titre. S'ils deviennent coupables de honteux forfaits qu'on les juge, comme le commun des mortels, mais je demande qu'on ne leur applique pas plus la peine de mort qu'aux criminels vulgaires. Tenez, mes amis, si jamais un Empereur a mérité d'être jugé c'est ce monstre à face humaine qui nous a livrés sans défense à la Prusse en 1870. J'aurais été, pour mon compte personnel, très satisfait qu'on l'envoyât finir ses jours au Bagne en compagnie des Mandrins ses rivaux, qui le peuplent, mais pour tout au monde je n'aurais pas voulu qu'on le condamnât à la peine de mort. Je ne suis pas éloigné de croire que les attentats contre la vie de Louis-Philippe contribuèrent à prolonger son règne, en effet malgré ses fautes, malgré son impopularité il sut se maintenir jusqu'au moment où son ridicule entêtement finit par soulever contre lui l'opinion publique toute entière. Je vous ai dit déjà que la France politique ne comptait que deux ou trois cents mille citoyens actifs, sur près de 35,000,000 d'habitants. L'opinion publique était depuis longtemps froissée de cette exclusion de la grande masse du peuple, elle faisait entendre des réclamations énergiques qui n'étaient accueillies qu'avec dédain. Cependant elle était peu exigeante jugez en vous même: Le Corps électoral produit du régime censitaire n'était composé que de citoyens payant deux cents francs d'impôts, en sorte qu'une foule de personnes appartenant à la science, aux lettres et aux arts, c'est-à-dire dépositaires de la vie intellectuelle de la France, ne payant pas deux cents francs d'impôts ne prenaient point part au vote. La situation de tel individu qui ne savait pas lire mais qui avait de la fortune, au point de vue politique, était donc préférable à la situation d'un grand savant ou d'un grand lettré pauvre. Eh bien! à la veille de Février, on ne demandait que l'adjonction des capacités au corps électoral. C'était peu, vous n'en restiez pas moins en dehors de la vie publique, ruraux mes amis, mais pour Mr Guizot et pour le roi c'était trop. Une pareille prétention qui avait trouvé des échos à la Tribune et dans toute la presse libérale, leur parut exorbitante, ultra-révolutionnaire, ils refusèrent d'y faire droit. Le peuple se fâcha tout rouge, descendit encore une fois dans la rue bien décidé à en finir avec les rois. Il n'y avait pas à s'y tromper, le peuple était sur ses gardes et ne se laisserait pas duper comme en 1830. Dès le début de la bataille, la République se dressa superbe devant la monarchie et la victoire se mit de son côté. Louis-Philippe se sauva en Angleterre. Il avait refusé d'augmenter quelque peu le corps électoral, la France entière grâce à la révolution de Février entra pour la première fois dans la vie politique. Le suffrage universel est la plus belle conquête de la révolution de 1848. Que cette révolution soit donc bénie ! mais n'en déplorons pas moins les sacrifices qu'elle coûta au Peuple. Comme en 1830 il y eut beaucoup de sang versé, des victimes par milliers.

Ah ! voyez-vous quelqu'heureux qu'on puisse être de voir triompher ses idées les plus chères, ce serait être inhumain au lendemain de la victoire, que de ne pas pleurer les héros qui l'ont payée de leurs vies. Honneur aux combattants de Février, aux émancipateurs du Peuple, le moment n'est-il pas venu de leur élever une colonne, comme on le fit en 1830 à leurs aînés !

La République seul gouvernement possible avec le suffrage universel fut renversée cependant en 1851 par un Bonaparte, qui fit pour son

compte une révolution aussi sanglante que celles
de 1830 et de 1848, je vais vous expliquer pourquoi.

Vous n'avez pas oublié ce que je vous disais tout à l'heure au sujet des révolutions sanglantes, cherchant dans l'histoire qu'elles en étaient les suites, je vous démontrais que les suites étaient favorables à la Réaction. La Révolution de 1848 ne pouvait échapper à cette loi. Une fatale erreur vint hâter le triomphe de la Réaction, en armant en Juin la moitié du peuple contre l'autre. Après Février la République aurait vécu, toute monarchie étant impossible, et il est permis de croire que la Réaction eut été refoulée, mais les journées de Juin la tuèrent tout à fait. Déplorons cette horrible guerre de Juin, et n'oublions jamais qu'elle eut pour conséquence le second empire. La Réaction désormais victorieuse n'osa pas restaurer la monarchie du premier coup, mais elle accueillit avec joie le Président que le suffrage universel en voie de suicide lui envoyait. Ce Président qui n'était autre que Louis Bonaparte devait suivant la majorité réactionnaire de la Législative, moyennant une récompense, aider volontiers un roi à monter sur le trône. Pendant trois ans l'Assemblée et le Président Bonaparte intriguèrent à qui mieux mieux pour leur compte respectif. Cependant le Président paraissait devoir être battu par l'Assemblée qui se défiait de lui, aussi il prit les devants. Il fit son coup d'Etat. Les monarchistes ses alliés de la veille perdirent dans la voiture cellulaire qui les emmenait à Mazas leurs dernières illusions, et la France au lieu d'un Roi eut un Empereur, l'un vaut l'autre.

J'en arrive donc à cet attentat de décembre qui sera une des hontes de notre histoire. Je vais vous dire tout le mal qu'il faut en penser car ce fut un crime atroce qui couta la vie à une foule d'innocents. Le jour où Bonaparte mit la main sur l'Assemblée, une partie des députés qui avaient échappé à ses prétoriens, se répandit dans Paris. Ils comptaient sur l'indignation du peuple pour châtier le guet-à-pens de M. Bonaparte. Mais la lassitude était extrême. Les journées de Juin avaient énervé Paris. D'un autre côté la loi du 31 mai votée par l'Assemblée Réactionnaire, avait enlevé à cette dernière toute autorité. Le peuple abandonna les députés républicains les confondant avec les députés réactionnaires sous l'appellation injurieuse des 25 **Francs**. Cette défection est regrettable, car si Paris, si dévoué pour la liberté d'habitude, eut résisté au coup d'Etat, Bonaparte eut été vaincu, et la honte de Sédan nous eut été épargnée. Donc M. Bonaparte triompha, et l'Empire suivant un mot célèbre, fut fait. Violer la loi, son serment, porter la main sur la représentation de la nation sont des crimes abominables ; M. Bonaparte n'avait reculé devant aucun de ces crimes. Il semble qu'il soit impossible d'aller plus loin dans cette voie ; détrompez-vous mes amis et apprenez que les Empereurs sont gens à étonner par la noirceur de leurs desseins, les plus affreux bandits eux-mêmes. Je vous ai dit que le coup d'Etat était maître de Paris et de la France ; alors que l'on emploie de pareils moyens contre une nation on est bien résolu à régner sur elle par l'épouvante ! quelle ne fut pas l'épouvante de Paris, quand à l'heure où tout paraissait fini, on entendit de nouveau la cannonade et la fusillade dans les rues. Etaient-ce les faubourgs Saint-Antoine ou St-Marceau qui reprenaient la lutte ? était-ce la masse des citoyens qui se décidait à prendre les armes pour repousser les prétoriens de César ? Non ! Saint-Arnaud et Canrobert ne trouvant plus devant eux aucune barricade, dans leur ardeur insatiable de massacre, faisait tirer sur des femmes, sur des enfants, sur des vieillards, sur des gens paisibles, sur des gens désarmés enfin! Ainsi l'avait ordonné Napoléon, et ils exécutaient ses ordres avec une sauvage énergie ! Combien y eut-il de victimes de ce lâche attentat ? On ne le saura jamais. Le coup d'Etat a pris soin de les enterrer avant qu'on ait pu les compter, tout ce qu'on est en mesure d'affirmer c'est que le sang coulait à flots par les rues, et qu'à l'Elysée on criait vive l'Empereur ! Vous avez vous aussi, mes amis crié pendant 18 ans, vive l'Empereur mais on avait pris soin de vous maintenir dans l'ignorance de ce qui s'était passé. Votre nature est trop droite, trop honnête, pour qu'on obtienne de vous que vous approuviez un crime quel qu'il soit, aussi tout en se rendant maître de Paris par la terreur, on chercha à capter votre confiance en vous persuadant que Bonaparte avait sauvé la société, la propriété, la famille, alors qu'il avait lui même porté atteinte par l'assassinat, à la société et à la famille, et par le vol à la propriété ! Quelle sombre époque, que celle de l'Empire ! Le César Mandrin a décrété le silence; la presse se tait; une nuée de mouchards répandus dans les rues, dans les établissements publics, dans les familles mêmes recueillent les paroles imprudentes; et tel pour avoir dit que Bonaparte était un assassin, vérité indéniable, était envoyé à Cayenne ou à Lambessa sans jugement !

Vous faire l'histoire de la Proscription m'entrainerait trop loin, qu'il vous suffise de savoir qu'une foule de pères de familles, de négociants, d'industriels, de cultivateurs soupçonnés de haine contre l'Empire, furent déportés, emprisonnés ou exilés, sans avoir connu leurs juges. Des Tribunaux spéciaux, appelés commissions mixtes, prononçaient leur sentence sans appel, qu'elle honte, mes amis, qu'en pensez-vous ? Il est pénible d'insister sur de pareilles horreurs, mais puisqu'il existe dans nos campagnes des hommes qui attendent le retour du régime impérial, il est bon que vous sachiez toute la vérité, pour leur faire comprendre, du moins à ceux qui sont de bonne foi, combien ce régime est odieux! L'Empire vous a trompés indignement; se servant vis-à-vis de vous des moyens les plus infâmes. Il vous conseillait de mépriser ce qui était honnête; les hommes dévoués à la République vous étaient présentés comme des criminels, comme des ennemis de la propriété et de la famille, et comme on les déportait, comme on les traitait de la même façon qu'on traite les pires bandits, vous en étiez venus à considérer les Républicains comme des êtres malfaisants, et vous applaudissiez à toutes les mesures odieuses dont ils étaient victimes. Combien vous devez regretter votre fatale erreur !

L'empire vous a-t-il tenu une seule de ses promesses? je n'hésite pas à répondre non.

D'abord il vous a promis la paix. A peine Bonaparte était-il installé sur son trône qu'il déclarait la guerre à la Russie. Une guerre n'est excusable que quand elle procure au peuple qui l'a entreprise des avantages réels, or la guerre de Crimée, nous a coûté plus de 100,000 hommes. Non seulement nous n'en avons retiré aucun profit, mais elle a fait de la Russie, qui aurait du être notre alliée dès cette époque, l'ennemie de la France. L'Angleterre pour qui nous avons prodigué le sang de nos soldats s'en est bien montrée reconnaissante en 1870 en formulant dans ses journaux des vœux pour le triomphe des Prussiens, qu'en dites vous?

La guerre d'Italie la plus maladroite des guerres qui jamais ait été entreprise, a eu pour conséquence le groupement de toutes les principautés Allemandes autour de la Prusse. Solférino et Magenta sont des victoires, mais que ces victoires nous coûtent cher ! Bismarck cet ennemi acharné de notre patrie en a retiré seul un grand profit, parcequ'elles lui ont permis de réunir dans ses mains toutes les forces Allemandes dont il saura bien se servir contre nous quand l'heure sera venue.

« L'intérêt de la France, a dit Mr Thiers, est d'a-« voir pour voisines des Nations divisées. » Bonaparte ce triste homme d'État, a combattu pour l'unification de l'Italie sans prévoir qu'il combattait en même temps pour l'unification de l'Allemagne. Qu'aurait pensé l'oncle du neveu s'il l'eut surpris à l'œuvre ? dans son langage de soldat il l'eut traité d'imbécile, c'est le seul nom que l'histoire lui réserve. C'est pourtant cet oncle qui nous a valu ce neveu ; ayez donc confiance dans le principe d'hérédité après une pareille épreuve !

Que sommes nous allés chercher en Syrie ?, Protéger les chrétiens a-t-on dit ? cette protection des chrétiens d'Orient n'a été qu'une réclame en faveur de la dynastie impériale, la France a versé inutilement pour elle dans cette troisième guerre le sang de ses enfants, ainsi que cela lui était arrivé dans les deux premières. La guerre de Chine n'a été qu'un pillage. Bonaparte en était venu à transformer nos soldats en détrousseurs de grand chemin. Le sac du Palais d'Été est une honte pour la France.

Que dire de cette expédition du Mexique qui nous a brouillés pendant de longues années avec la République Américaine, si amie de la France à qui elle doit sa liberté et même sa vie ?

Plus de 60,000 hommes, plus de 1,500,000,000 ont été tués et dispersés pour créer un empire sur cette terre du nouveau monde, qui est mortelle aux Rois et aux Empereurs. Bonaparte avait rêvé, l'insensé, d'établir là bas dans ces contrées lointaines, un systême politique analogue à celui qu'il nous avait imposé. Si on en croit l'histoire de cette guerre et les correspondances surprises, il ne s'agissait rien moins que de changer tous les gouvernements Républicains de l'Amérique, en autant d'Empires. Ce César de bas étage, utopiste nuageux s'il en fut jamais, détestait la liberté, qui le lui rendait avec usure. Tout peuple libre devait s'attendre à le voir fondre sur lui, mais les peuples libres se moquent des César. Bonaparte expédia un empereur aux Mexicains qui le fusillèrent, il eut été plus généreux de le lui renvoyer, sans le tuer. Cependant cette exécution se comprend, elle a été comme une fière réponse à l'ennemi de l'indépendance des peuples.

Les Bonapartistes voudraient-ils nous dire le profit que la France a tiré de cette guerre ? Bazaine a failli devenir l'Empereur du Mexique, il l'a espéré du moins, que ces espérances ne se sont-elles réalisées ? Au lieu de ce pauvre Maximilien qui eut le tort de croire en Bonaparte, c'eut été lui que les soldats de Juarès eussent fusillé à Queretaro, et alors il n'aurait pas trahi sa Patrie en livrant Metz !

Bonaparte a laissé échapper sottement la

seule occasion qui se soit offerte à lui de li-
vrer à un peuple rival de son peuple, une
guerre vraiment nationale, la Prusse de plus en
plus agressive allait se jeter sur l'Autriche qui
la gênait dans ses desseins ambitieux. La France
en se plaçant résolument entre les deux peuples,
pouvait devenir leur arbitre et faire pencher la
balance du côté qui lui aurait été le plus av-
antageux. Mais Bismark ce fin politique, n'eut
pas de peine à endormir la prudence de l'Empereur, il lui persuada qu'il le laisserait s'emparer
de la Belgique et de la rive gauche du Rhin tout
à son aise. Celui qui devait être le héros de Sédan
donna dans le piège, il mit toute sa confiance
dans le roué Prussien, qui battit l'Autriche à son
aise à Sadowa. Le lendemain de la victoire, il
répondit à son complice de la veille qui le som-
mait de tenir ses engagements par une fin de non
recevoir appuyée sur un million de soldats.

Décidément Napoléon n'était pas né pour être
diplomate; il fut bien difficile à ses amis de conserver des illusions sur ses talents d'homme d'état
après comme avant l'entrevue de Biarritz.

L'Empire cafard quoiqu'en disent ses adeptes
qui ne veulent pas passer pour des ´cléricaux, a
fait la guerre pour le pape. Après avoir combattu
pour l'unité de l'Italie, voilà qu'un beau matin il
s'est mis en tête d'empêcher l'Italie de conquérir
sa capitale. Pourquoi me direz-vous ? Parce que
Rome, suivant les cagots, est la propriété du Pape.
Ratapoil se revêt de la casaque du zouave pontifical;
quels clowns que ces Bonaparte ! L'oncle met la

main sur le Saint-Père il le renferme dans une prison dorée, il le contraint de le sacrer empereur, le neveu supplie le successeur de ce Pape d'être parrain de son fils, puis Garibaldi menaçant de rendre Rome si longtemps captive des prêtres, à la liberté, il envoie ses soldats contre l'armée de Garibaldi, et les chassepots font merveille ! Allons, M^{rs} les Badinguets, hypocrites que vous êtes quand cesserez-vous de nous dire que vous n'êtes pas cléricaux ? On vous a vu à l'œuvre; à genoux devant le goupillon !

Les mauvaises langues ont raconté que celui qui fit le coup d'État, et qui pendant 18 ans a gouverné la France de la façon la plus pitoyable, n'était point le descendant des Bonaparte comme il le prétendait. Remontant à sa captivité après l'aventure de Boulogne, elles ajoutent que cette histoire du prince empruntant les vêtements, et la fameuse planche du maçon Badinguet pour s'évader de la prison plus commodément est fausse. Suivant elles, ce maçon a trouvé le moyen de se faire passer pour le prince, et de troquer sa truelle et son marteau, contre le petit chapeau de l'oncle et l'espérance de régner sur la France, espérance qui s'est réalisée après qu'il eut commis le crime de Décembre. Il est vrai que les mauvaises langues ne nous expliquent pas la disparition du véritable prince, qu'on n'a point retrouvé dans la chambre de la forteresse, en sorte que leur histoire prend les proportions d'un gigantesque canard, tels que nous en trouvons à foison dans les journaux Bonapartistes de Niort tous les jours.

N'ajoutons donc aucune foi à cette légende du maçon Badinguet transformé en Napoléon. Mais cependant ne condamnons pas tout à fait les auteurs de cette plaisante bourde. Napoléon s'est chargé de la justifier dans une certaine mesure. S'il n'était pas Badinguet, il est à croire que le fait de s'être glissé dans les vêtements du dit Badinguet, d'en avoir pris l'allure et le langage pendant quelques instants, ajouté à l'angoisse d'une entreprise qui pouvait échouer, ont dû impressionner vivement le prince. Cette impression à duré autant que sa vie. Nous en avons trouvé la trace dans toutes ses proclamations ou adresses à ses âmés et féaux sujets; rappelez-vous le fameux *Couronnement de l'Edifice*, et dites moi si ce n'est pas le langage d'un maçon, qui quoique devenu Empereur est toujours resté quelque peu maçon ?

Le couronnement de l'Edifice Impérial a été le plébiscite. Si on se reporte au mois de Mai 1870, on se sent pris de honte en constatant avec quelle facilité le pays a donné dans le traquenard tendu par l'Empire. Celui qui toute sa vie avait conspiré, pour arriver au pouvoir et trompé tout le monde pour s'y maintenir, terminait dignement sa carrière de filou politique, par cette immense duperie. Relisez les proclamations officielles du temps, et plus particulièrement les discours des ministres, vous n'y rencontrerez qu'assurance de paix avec l'Europe, que promesses alléchantes de tout faire en vue de la grandeur et de la prospérité du Pays. Ministres et Souverain, officieux et complices, tous mentaient impunément. L'Édifice qu'on avait voulu couronner était chancelant, on s'en était bien apperçu lors des Élections législatives, la France secouait terriblement ses chaînes, on sentait aux Tuileries que le réveil était proche et il fallait opérer une diversion ou l'Empire allait sombrer, cette diversion, on la chercha dans le plébiscite et dans de prétendues concessions à l'esprit de liberté. Mais voilà que le plébiscite ne donna point le résultat qu'on avait espéré. A grand renfort de grosse caisse les Pitres impériaux, annoncèrent bien au public les millions de Oui; montés sur leurs tréteaux ces paillasses de la Foire, débitaient leur boniment en faveur du maître, avec un entrain propre à donner le change. Mais l'enthousiasme était de commande, au fond tout ce monde de courtisans, de vendus, savait à quoi s'en tenir sur l'attachement de la France à la dynastie Corse. On avait falsifié le vote plébiscitaire avec une impudence sans égale, fidèle au systême d'escamotage qui a maintenu Napoléon sur son trône pendant 18 années, la bande des repus qui détenait l'autorité en son nom, avait crocheté les Urnes, et y avait déposé des paquets de bulletins favorables à l'Empire. Si on avait osé, on aurait bien fait disparaître tous les Non, mais cette unanimité qui eut tant flatté l'Empereur, n'eut été pour le pays qu'une mystification. On voulait bien continuer à la mystifier, depuis 18 ans qu'avait on fait autre chose? mais du moins il fallait y mettre de la discrétion et s'assurer l'apparence de la sincérité. Mandrin se revêtait de la robe du Jésuite; on déclara donc une certaine quantité de Non, mais en vérité auprès des sept millions de

Oui,qu'elle importance pouvaient avoir ces 1,500,000 Non ? On ne saura jamais au juste , mes amis, tout ce que l'aventure plébiscitaire contient en elle même en fait de faussetés et de mensonges infâmes. Cependant les événements qui se sont produits immédiatement après, viennent jeter un peu de lumière sur cette aventure dont l'histoire du passé n'offre aucun exemple.

La question suivante a souvent été posée aux Bonapartistes depuis 1870 : si votre Empereur a recueilli tant de preuves d'attachement dans ce pays, quel besoin avait-il de déclarer la guerre à la Prusse, dans l'intérêt de sa dynastie? Ils se gardent bien de répondre directement, on sent qu'une pareille question les gêne, ils espèrent s'en tirer par une calomnie à l'adresse de la nation. « Non « disent-ils, l'Empereur ne voulait pas la guerre, « c'est la France qui l'a voulue, rappelez-vous le « fameux cri : à Berlin! à Berlin ! » Mais cette excuse ne saurait leur servir. Le mensonge finit toujours par s'évanouir devant la vérité. On sait à quoi s'en tenir sur le prétendu désir de la nation de se mesurer avec la Prusse. La France voulait la paix en 1870 et c'est vous, Messieurs les décembraillards, qui vouliez la guerre. A qui ferez-vous croire que nos électeurs des campagnes, que nos propriétaires et nos industriels aient souhaité la guerre, c'est-à-dire la mort de leurs enfants et leur propre ruine ? Vous nous avez assez longtemps maintenu dans une fatale erreur, aujourd'hui personne n'ignore que le cri : à Berlin! à Berlin! était poussé dans nos rues par des agents soudoyés.

Votre impératrice n'a-t-elle pas dit: « cette guerre est ma guerre à moi ! » N'essayez donc pas de vous dérober à la responsabilité qui pèse sur vos épaules. Le plébiscite avait été loin de vous être favorable, il vous avait permis d'entrevoir la chûte de l'Empire, en présence de cette éventualité redoutable vous vous êtes crus perdus, la peur vous a pris. Votre empereur dans ses rêves tourmentés, voyait la République vengeresse sortir sanglante du cercueil où il comptait bien l'avoir enfermée pour toujours, l'opinion s'agitait, elle était même menaçante; alors comme le grec qui a pipé les dés, et qui risque, avec l'espoir de gagner la partie, son dernier enjeu, il déclara la guerre à la Prusse. Cette guerre serait-elle heureuse ? Il n'en savait rien sans doute, mais il croyait en son étoile. Donc s'il revenait vainqueur, il ferait un nouveau coup d'Etat, il mitraillerait, sabrerait et enverrait au bagne ses ennemis. S'il revenait vaincu, la France accablée de sa défaite, deviendrait, étant affaiblie plus facile à gouverner. Après tout en présence de la Révolution menaçante il n'avait pas le choix des moyens, il fallait à tout prix et sur le champ donner le change à l'opinion publique, de plus en plus hostile.

La conclusion qui s'impose à tous les esprits et que l'histoire a déjà enregistrée est celle-ci: L'Empire a seul voulu la guerre, la France y était opposée, c'est donc malgré elle qu'il l'a conduite à Sédan. L'Empereur a agi dans un but égoïste, sentant bien que sa couronne chancelait, il a tenté de la raffermir sur son front en se précipitant follement sur la Prusse qui lui avait tendu un piége grossier. Sa destinée était de régner par le mensonge, son règne n'a été qu'un long mensonge. N'avait-il pas en montant sur son trône prononcé ses mots destinés à rassurer la nation : « l'Empire c'est la paix. » Or l'Empire a fait dans le courant des 18 années qui commencent au 1er janvier 1852, pour finir au 4 septembre 1870, la guerre

1° en Crimée,
2° en Italie,
3° en Syrie;
4° au Mexique.
5° en Chine,
6° en Italie (Mentana),
7° enfin en France.

Donc l'Empire qui devait être la paix, a été la guerre en permanence pendant toute sa durée. Croyez-vous, mes amis, qu'on puisse se jouer d'une nation avec plus d'impudence ? Quel singulier mépris devait éprouver pour les hommes qu'il gouvernait ce César au regard louche qui eut nom Napoléon III ! A quelle école politique a-t-il donc emprunté ce système odieux qui consiste à s'emparer d'une nation par le parjure et l'assassinat, pour la perdre ensuite par la trahison et la lâcheté ? Des Empereurs comme Napoléon III n'appartiennent à aucune école, en vérité ce sont des monstres que la nature produit de temps à autre pour apprendre aux peuples à détester la monarchie; mes amis, profitons de la leçon, gardons nous bien de confier jamais à un seul homme le soin de conduire nos destinées. La France serait perdue le jour où un Bonaparte s'emparerait d'elle pour la troisième fois.

L'Empire n'a pas été renversé par une révolution comme on l'a dit. Il est tombé platement, bassement à la suite de la honteuse capitulation de Sédan. Les Impérialistes ne se gênent pas pour médire de la Révolution. Ils oublient avec leur duplicité habituelle que sans la Révolution leurs deux empereurs ne seraient jamais arrivés au pouvoir. Napoléon 1er serait probablement resté toute sa vie un modeste capitaine d'artillerie, ce qui n'eut pas été un grand malheur pour la France et Napoléon III n'eut jamais été président de République ni empereur, ce qui eut épargné bien des hontes à notre pays. Ce n'est pas à dire, que nous devions maudire les révolutions qui ont permis à de tels hommes de nous gouverner. Leurs règnes ne sont que des accidents dans la vie de notre nation. De pareils accidents ont pour résultat de hâter le développement politique des peuples, et plus les conséquences en ont été terribles, moins le retour en est à craindre.

Né grâce à une faute du suffrage universel le système Césarien ne peut se maintenir qu'autant qu'il sera assez fort pour empêcher le suffrage universel de réparer sa faute. L'influence qui lui est nécessaire sera maintenue à l'aide des moyens les plus coupables. C'est ainsi que Napoléon III inventera la candidature officielle. Il lui faut à tout prix s'entourer de créatures dévouées. Il saura bien contraindre le pays à nommer ses créatures, aux emplois électifs. Pour être député, il ne sera pas nécessaire d'être un homme pénétré des besoins de son département, mais par exemple il ne sera pas possible d'être nommé si on n'est revêtu de l'estampille impériale. Peu importe la Volonté du Corps électoral, s'il met des bulletins en faveur du candidat indépendant dans l'urne, le maire n'a-t-il pas une double clé? Il trouvera bien le moyen cet homme bien pensant, de changer les bulletins désagréables, en bulletins agréables; ne lui a-t-on pas promis la croix? Soyez certains mes amis, qu'il est prêt à tout pour la mériter!

La Monarchie c'est la corruption. Les rois tentent d'acheter ceux là même qui se disent tout haut leurs ennemis. Bonaparte a pratiqué la corruption sur une grande échelle. Que de consciences il a payées! Son règne a été le règne des Jouisseurs! Tout ce monde impérial, composé de banquiers véreux, d'industriels inavouables, de filles de joie, de journalistes à gage, de mouchards en habit noir émargeait au budget de la France. On cite dans l'histoire la Régence et le règne de Louis XV, comme des époques de plaisir effréné. Le Règne de Bonaparte laisse bien loin derrière lui le Régent et Louis XV. « Hâtons-nous de jouir disaient les « courtisans impériaux qui sait comment tout cela finira. » Un prince étranger écœuré du spectacle de la prostitution étalée dans nos rues, dans nos théâtres, jusque dans le palais des Tuileries, écrivait à un de ses amis: « Paris est vraiment le b... .... de l'Europe. » ....
....Qu'on vienne donc nous parler de la grandeur de ce règne et de sa prospérité? Sans doute les fautes de l'Empire n'ont pu arrêter le développe-

ment industriel du pays. On peut dire que ce développement s'est accompli malgré lui: les progrès de la science, des arts et des idées en général sont indépendants de la forme du gouvernement; tant mauvais sera-t-il, il suffira qu'il n'apporte aucune entrave à l'accroissement de la fortune privée, pour que cet accroissement suive son cours. Ce n'est donc pas à Bonaparte qu'il faut attribuer le développement des fortunes privées, dont le point de départ se rattache à la première révolution. C'est du jour où la France est devenue une démocratie que date sa fortune. La répartition du sol entre ceux qui peuvent le cultiver, la liberté assurée à l'industrie et au commerce par la suppression des jurandes et des douanes intérieures, voila la source de la prospérité de notre France. C'est à la Révolution de 89 que nous devons ces avantages inestimables. Les Bonaparte ont failli nous les faire perdre en 1815. Sans eux aurions-nous eu l'invasion et la restauration du gouvernement des rois, des prêtres et des nobles de l'ancien régime? Sans eux aurions nous perdu l'Alsace et la Lorraine? Non les Bonaparte n'ont pas aidé la France dans son travail de développement. Ils l'ont entravé et les résultats acquis après tant de labeurs ont été compromis par leur ambition effrénée, et leur imbécillité sans exemple. L'Histoire sera sévère pour eux, elle dira qu'ils ont trompé, trahi, volé, assassiné la nation la plus généreuse du monde qui avait commis la faute dans un jour de défaillance de leur confier ses destinées!

Les historiens de Rome nous signale le nom

des empereurs excécrables, et leurs forfaits nous glacent d'épouvante! Que penseront nos descendants lorsqu'ils étudieront l'histoire de notre époque? Ils auront peine à comprendre que nous ayons pu supporter avec tant de lâcheté le joug d'un Bonaparte, dont le nom doit être cloué au Pilori, avec l'épithète, **Infâme!**

Les Révolutions ne sont pas toujours l'œuvre du Peuple. Les Empereurs vous venez de l'apprendre en font aussi pour leur compte. Quand une nation exaspérée par ses souffrances en appelle aux armes, elle use de son droit, parce que c'est le seul moyen qui soit à sa disposition pour chasser les tyrans. Mais un Empereur qui massacre une foule de citoyens inoffensifs pour s'emparer par la terreur du pouvoir, ne saurait jamais être excusé.

Travaillons à rendre impossible les Révolutions sanglantes, que le règne de Napoléon III soit toujours présent à votre mémoire, gardez bien votre souveraineté, ne l'aliénez jamais même pour un instant!

LE 4 SEPTEMBRE

ET LA RÉPUBLIQUE.

Les Bonapartistes passés maîtres dans l'art de
la fourberie, se sont donnés depuis le 4 Septembre
des airs de victimes vraiment bouffons. Arrachons
leur une fois pour toute le masque qu'ils se sont
appliqués sur le visage. Lorsqu'on apprit à Paris
la capitulation de Sédan, l'irritation du peuple fut
extrême, la province elle-même qui avait acclamé
l'Empire au 8 Mai partagea la colère des Parisiens.
En face de l'étranger envahisseur, la grande nation comprit qu'il était temps qu'elle s'inspirât de
l'exemple des ancêtres de 92, voila pourquoi elle
proclama la République. L'effervescence était grande dans Paris, mais il n'y eut pas un coup de feu
tiré, Dieu merci. Tout se passa avec le calme
d'une résolution froide et implacable. L'Empire qui
avait déshonoré la patrie, avait à redouter bien
des haines légitimes. Le peuple n'éprouvait pour
la bande impériale qui l'avait opprimé pendant 18
ans qu'un suprême dédain. Il semblait qu'on eut
oublié, que le château des Tuileries était encore
habité par la femme de César, Régente du pays.
Aussi put-elle s'en aller de Paris sans être inquiétée

et se retirer à l'étranger. Les républicains ont bien
agi en ne retenant pas cette espagnole bigote qui
avait armé la France contre l'Italie pour l'expédition de Mentana, et qui avait déclaré que la guerre
de Prusse était sienne. Les temps étaient venus
où le peuple instruit par les exemples du passé,
ne daignait plus fournir aux reines et aux impé-
ratrices coupables, l'expiation d'une exécution sanglante. Pendant que sa majesté Eugénie se diri-
geait lentement vers la frontière, les rats impériaux voyant l'édifice à peine couronné, crouler de
toute part, fuyaient de tous les côtés. Pas un sé-
nateur à 30,000 francs de gage, pas un député de
la majorité ne tenta de résister au flot d'indignation qui envahissait Paris!

Mais où donc étaient les Rouher, les Ollivier
etc.......... Les lâches ils se tenaient cachés dans
quelques coins secrets, redoutant non sans raison
les décisions que pouvaient prendre la justice populaire. Il est inutile d'insister bien longtemps
sur cette révolution du 4 Septembre, on peut en
faire l'histoire en peu de mots ; l'Empire si fort
deux mois auparavant, s'écroulait ce jour là sous
le poids de son incapacité, de ses crimes, de sa
lâcheté et de sa honte!

La République est née de cette Révolution
toute pacifique. Une semblable origine lui a donné la force de résister aux assauts furieux que
la réaction lui a livrés, aux 24 et 16 Mai. Ce n'est
pas que les épreuves lui aient été épargnées. D'a-
bord il lui a fallu continuer la guerre; sans la trahison de Bazaine elle aurait réussi à chasser l'en-

nemi de son territoire ; elle a du signer la paix honteuse et céder au vainqueur en pleurant de rage et de honte un lambeau de la Patrie, l'Alsace-Lorraine. Nous ne devons pas regretter, mes amis, d'avoir combattu pour l'honneur pendant cinq mois après la chûte de l'Empire, mais reconnaissez combien il a été pénible pour la République de signer cette paix désastreuse résultat des fautes déplorables de Napoléon III !

L'Insurrection communale a été une seconde épreuve, terrible celle là ! Elle lui a survécu. M. Thiers a prétendu que pas une monarchie n'aurait pu tenir devant Paris soulevé tout entier comme un seul homme. Blâmons les grands coupables qui ont entraîné les parisiens dans cette guerre impie. Quelle en a été la source ? une erreur fatale. Vous vous rappelez dans quelles conditions se sont faites les élections de Février, vous avez pris vos mandataires au hasard, sauf deux exceptions dans notre département. Vous vouliez la paix ; comprenant que la guerre n'était plus possible, tout candidat décidé à faire la paix, vous parut acceptable. Tel est le seul motif pour lequel vous envoyâtes à Bordeaux des Monnet, des Taillefert, des Mazure et des Larochejaquelein. Le mandat d'une telle Assemblée était parfaitement défini : elle devait faire la paix. Le pays en votant pour elle n'avait point entendu lui confier par ce même vote la mission de le réorganiser. Il suffit de se rendre compte de son groupement au point de vue de la nuance politique pour s'appercevoir tout de suite que jamais Assemblée ne fut moins en état de

donner une constitution à une nation. Du côté des
Monarchistes trois partis se disputaient la prépon-
dérance. Le jour où la question de monarchie eut
été posée, aucune solution n'eut pu intervenir, par
cela même que deux fractions se fussent opposées à
la troisième, en votant contre elle avec les anti-mo-
narchistes, c'est-à-dire avec les Républicains. Suppo-
sez en effet que les Légitimistes aient tenté de pro-
poser Henri V comme roi, les Orléanistes et les
Bonapartistes se seraient immédiatement ligués
contre eux, et les Légitimistes auraient forcément
échoué. La même chose serait arrivée pour les
Orléanistes et les Bonapartistes. En un mot l'antago-
nisme était absolu entre les diverses fractions réactionnaires de l'Assemblée. La gauche au contraire
était unie, son objectif était celui-ci : la fondation
de la République. Au mois de mars 1871 il était
difficile de se rendre parfaitement compte de la situation des partis dans l'Assemblée. Paris la considé-
rait comme monarchique et alors il se dit, ce qui était
faux, mais malheureusement ce qui paraissait vrai:
que la province malgré tant d'épreuves ne s'était
point éclairée, et que puisqu'elle se jetait dans les
bras d'un roi, elle ne devait pas trouver mauvais que
Paris, la laissât s'y jeter seule, et que lui Paris qui
avait tout souffert de la monarchie se séparât d'elle.
Telle a été au fond la cause de l'Insurrection com-
munaliste. M. Thiers n'avait point encore donné
les gages qu'il donna depuis à la cause Républicaine,
on ne voulait voir en lui que le Vieux monar-
chiste; injure imméritée sans doute, mais qui prou-
verait que son patriotisme l'eut fait rompre avec

son passé Orléaniste ? Rien encore. Joignez à cette raison sérieuse, il faut en convenir, ce qu'on a appelé la fièvre du siége, les souffrances et les privations de toute sorte endurées pendant près de cinq mois, l'industrie et le commerce anéantis, la certitude que Trochu s'était mal conduit et avait mal défendu la grande cité patriote, et vous vous expliquerez avec tous les esprits sérieux ce coup de foudre du 18 mars. Je ne prétends pas excuser ıe crime, il existe, évident, énorme pour tout le monde, Paris a eu tort de se révolter quand l'ennemi campait sous ses murailles. Mais je dis que le crime est atténué quand on en connait l'origine. Voila pourquoi, républicain énergique dans mes convictions, je suis partisan du pardon pour les égarés. Paris a cru voir l'Empire ou la Royauté prêt à se saisir du cadavre de la France vaincue comme un vautour de sa proie, alors il s'est soulevé, si M. Thiers ne se fut hâté de nous rassurer nous les républicains de province, l'Insurrection fut devenue générale. Paris a eu tort de ne pas croire à sa parole, nous y avons cru nous, et l'illustre patriote s'est montré digne de notre confiance, en maintenant dans l'impuissance Bonapartistes, Orléanistes et Légitimistes, jusqu'au moment où il eut la conviction qu'ils ne pourraient rien faire contre notre République; honneur à la mémoire !

Le 24 mai et le 16 mai on a cherché à vous épouvanter en évoquant l'ombre sanglante de la commune. Vous avez résisté à la peur parce que vous saviez qu'une pareille insurrection avec la

République ne se reproduirait plus. Détestons ensemble les excès commis. Je ne connais rien d'odieux comme les incendies et le massacre des otages. Mais soyons impartiaux comme il convient à des hommes honnêtes, et reconnaissons que la répression a été violente, trop violente même. Dix ou douze mille parisiens fusillés sommairement, ont lavé de leur sang les fautes de la commune, un nombre incalculable de communalistes a été envoyé sur les pontons puis en Nouvelle Calédonie il y a déjà huit ans, le châtiment a été en proportion de la faute, la République doit se montrer aussi clémente que Napoléon Ier et que Napoléon III, elle doit pardonner tous les égarés, tous entendez-vous, sauf les assassins et les incendiaires.(1)

La République a vaincu la commune, ce que répétons-le, aucune Monarchie n'eut pu faire. La République a payé la rançon de la France, elle a su conquérir la confiance de l'Europe qui lui apporta son or sans compter au jour de l'Emprunt destiné à solder cette rançon. Nous avions besoin de Trois milliards, nous en obtîmmes plus de Quarante. A la même époque nos vainqueurs émettaient également un Emprunt de 400,000,000 ils ne purent réaliser que la moitié de la somme demandée. Les chiffres sont assez éloquents par eux mêmes, ils n'ont pas besoin d'être commentés.

Tant que la libération du Territoire ne fut pas assurée, la Réaction cléricale n'osa pas revendiquer le Pouvoir, ni attaquer Mr Thiers. Mais le jour où le gouvernement vint faire part à l'Assemblée que les régiments Prussiens allaient sortir enfin de

(1) 15 *Février* 1879.

France, suivant un mot du Président de la République, les coalisés cléricaux jugèrent que leur courage était à la hauteur de la situation, et ils résolurent de renverser la République et son illustre Président.

Alors se produisit un fait monstrueux, qui a eu Dieu merci pour conséquence, la ruine radicale de tous les partis monarchistes. Les légitimistes tendirent la main aux Orléanistes et aux Bonapartistes, et entre eux ils formèrent le pacte le plus immoral, le plus révoltant, que la politique jésuitique eut jamais inspiré. Ces hommes, que le sang séparait, qui étaient incapables de s'entendre sur la question de gouvernement, et par suite de restaurer l'une des trois monarchies qu'ils représentaient, imposèrent silence à leurs répugnances respectives et on vit un de Broglie, devenu le protégé des Bonapartistes faire échec le 24 mai 1873 au gouvernement républicain.

L'âme de cette politique inavouable était un évêque, M. Dupanloup. Il est à remarquer qu'à chaque crise suprême, la France voit sortir de l'ombre une foule d'hommes noirs, qui la croyant en danger de mort, s'apprêtent à se précipiter sur son cadavre pour la dévorer. L'esprit populaire frappé de ce phénomène politique, il y a bien longtemps déjà, dès 1815, a donné le nom de corbeaux à ces hommes noirs. La France a subi deux grandes invasions dans le cour du siècle, à la suite de chacune d'elles, les corbeaux ont tenté de s'emparer du pouvoir. Le 24 mai et le 16 mai sont leur œuvre ; les coalisés du 24 mai se réunirent sur le terrain commun du cléricalisme , et la politique jésuitique l'emporta. Dès les premiers moments, on s'apperçut que les vainqueurs ne tireraient aucun profit de leur victoire. Les cléricaux se démasquèrent trop vite, ils crurent le moment venu de placer sur le trône leur Henri V, le roi de leurs rêves. Les d'Orléans qui se sont suicidés en tant que prétendants eurent beau fusionner avec les Légitimistes,les Bonapartistes montrèrent les dents. Véritables arbitres de la situation ils entendaient bien travailler pour leur compte, mais non pour le compte d'Henri V, la discorde éclata dans le camp des Grecs, et la fusion s'en fut à vau-l'eau. Le Maréchal de Mac-Mahon qui aurait volontiers consenti à être un Monk, se dit qu'après tout il valait mieux être le premier dans la République, que le second dans une Monarchie, c'est alors qu'il prononça les fameuses paroles : « Si Henri V entrait « en France comme roi, les chassepots partiraient « tout seuls. » Il n'en est pas moins certain qu'une seconde Restauration a été sur le point de se faire, si elle n'a pas abouti, son échec est dû à l'énergique attitude du Pays et à la rivalité sourde qui régnait entre les coalisés du 24 Mai.

L'impossibilité de mettre un roi sur le trône une fois démontrée, les ennemis de la République se dirent qu'ils étaient maîtres après tout de la France et qu'ils la forceraient bien à les suivre. Pendant plus de deux ans ils la traitèrent en pays conquis. Les cléricaux furieux de l'échec des légitimistes et de l'entêtemént du roi qui n'avait pas voulu renoncer au drapeau blanc, s'allièrent d'une façon plus étroite avec les Impérialistes et c'est alors que la prophétie de M. Thiers se réalisa. Cette assemblée née dans un jour de malheur;qui avait proclamé la déchéance à jamais de la famille Bonaparte; ramassa dans la boue les procédés de gouvernement de cette même famille. Les Bonapartistes chassés des emplois, rentrèrent dans les préfectures, dans les mairies, dans les ministères mêmes, la politique cléricale penchait maintenant dans le sens de l'Empire, montrant ainsi, que ce qu'elle voulait, c'était un monarque quelconque, peu lui importait la dynastie. Les Jésuites tenaient compte aux Impérialistes de leur dévouement à la cause du Pape, ils les savaient prêts à recommencer l'expédition de Rome à leur profit, c'était tout ce qu'ils demandaient .

Pendant deux ans et plus, la réaction s'en est donnée à cœur joie, vexant, tourmentant la nation qui se laissait faire; elle comptait bien qu'elle aurait le dernier mot. On n'a plus aucun doute sur les desseins du pouvoir à cette époque, il espérait que les Républicains exaspérés, s'insurgeraient et alors quel beau prétexte pour les fusiller et les déporter ! Mais les Républicains conservèrent l'attitude dédaigneuse qui convient aux sages taquinés par des fous. Ni la démission de M. Thiers, ni l'élevation du Maréchal de Mac-Mahon hostile à la République, ni les mesures ultra-réactionnaires et cléricales des Ordres-Moraliens de combat, ni les provocations de toute sorte, ni les outrages les plus ignobles ne purent les amener à changer leur devise nouvelle; Plus de Révolutions ! Le suffrage

Universel ne ferait-il pas justice de ce gouvernement clérical lorsqu'il serait consulté? Le tout était
de le mettre en garde contre les manœuvres odieuses de ce gouvernement. La politique Républicaine
se borna donc à combattre la politique réactionnaire par les moyens légaux, le Pays la seconda ad-
mirablement dans son œuvre de résistance. Chaque
fois qu'il fut consulté il donna une réponse favorable à la République. La candidature officielle échoua
dans toutes les Élections. L'avenir était au plus
sage, cette prédiction de M. Thiers fut pleinement
réalisée. Cette Assemblée la plus impopulaire qui ait
gouverné la France, ne pouvant rétablir ni la Monarchie de droit divin, ni la monarchie constitution-
nelle, ni l'Empire, fut contrainte de voter une constitution Républicaine! Quelle ironie du sort! Avoir
combattu la République par les moyens les plus
coupables, avoir tenté de précipiter la nation dans
les aventures les plus folles, et aboutir après deux
ans à une solution Républicaine! Il fallait bien reconnaître enfin que le seul gouvernement possible
était un gouvernement Républicain, on avait renversé M. Thiers pour avoir proclamé cette vérité,
et la voila qui s'imposait, fatale, aux hommes de
combat! Jamais situation plus grotesque ne fut créée
à des hommes d'Etat par leur propre faute.

Le Septennat et la Constitution furent donc
votés. L'épreuve était favorable à la forme Républicaine, ses adversaires ne voulurent point en convenir. Loin de désarmer ils cherchèrent à se maintenir au pouvoir et quand arrivèrent les Elections
ils les firent présider par un des leurs, Buffet qui

ne recula devant aucun des moyens jadis employés par l'Empire pour obtenir la nomination de ses candidats. Le Sénat élu le premier, devint la citadelle où se retrancha le cléricalisme, le suffrage à deux degrés se laissa entraîner dans une mauvaise voie, par la coterie Fourtou-de-Broglie-Buffet, mais la chambre populaire sortie des entrailles du Pays fut en grande majorité Républicaine.

Au lendemain des Elections, la France constata avec douleur que les épreuves allaient continuer. On sembla d'abord céder à ses vœux en lui donnant un ministère Républicain. M. Ricard, notre ami, accepta la mission écrasante de gouverner avec deux chambres rivales. Nous qui avons connu son grand caractère et sa haute intelligence, nous ne pouvons croire cependant qu'il eut réussi à empêcher les conflits qui aboutirent au 16 Mai. Il est mort au moment où il allait tenter la lutte contre les difficultés qui se dressaient devant lui, nous honorons sa mémoire, nous qui l'avons connu si dévoué à la République. Il a contribué à la fonder en effet malgré les cléricaux et les Bonapartistes, qui se sont vengés de la façon ignoble dont nous gardons le souvenir!

Du 10 Mars 1876 au 16 Mai 1877, la France fut gouvernée en apparence par un ministère Républicain et en réalité par un ministère Clérical et Bonapartiste qui agissait d'une façon occulte près du Maréchal. Un Jésuite Tondini, l'Evêque Dupanloup, de Broglie, de Fourtou, toute une camarilla anti Républicaine prépondérante dans le Sénat, tenait en échec la volonté de la Nation. Exploitant les répugnances du Maréchal à se soumettre à cette volonté, elles le poussèrent à chasser ses ministres Républicains comme des laquais. Vous n'avez point oublié la fameuse lettre à M. Jules Simon par laquelle le Maréchal lui demandait sa démission, vous vous rappelez aussi avec quelle stupeur nous apprîmes la nomination d'un ministère de-Broglie-Fourtou, suivi d'une dissolution de la chambre approuvée par un Sénat enragé de cléricalisme. Ah! vous croyiez en avoir fini avec les Jésuites, et avec la clique impériale, Fourtou se chargeait de vous montrer, lui qui en est le chef, que vous aviez encore à lutter avant d'être définitivement les maîtres! Ah! vos conseils municipaux ont nommé des Sénateurs qui ont nom Monnet et Taillefert c'est-à-dire des réactionnaires à tout crin, voyez quelle besogne ils vous ont taillée en votant la dissolution, et en emboitant le pas derrière les Jésuites, Cagots et Lourdeaux de toute espèce, et prenez vos précautions pour les rendre à la vie privée en 1882, Ils ne l'auront pas volé!

Vous avez tous présente à la mémoire la période du 16 Mai. Les Bonapartistes se sont crus revenus aux beaux jours de l'Empire dans nos contrées. Comme Ratapoil relevait la tête! On n'entendait plus parler que de proscriptions et de mitraillades. Le coup d'Etat se dressait menaçant pour vous épouvanter et vous arracher un vote impérialiste. Les agissements du préfet O. Blanc, ont été au-dessus de tout ce qu'on pouvait prévoir. Vous le rappelez vous trainant à sa suite dans nos communes M. le candidat officiel Petiet, le présentant aux conseils municipaux en cette qualité, de candidat de Mac-Mahon ! Vous rappelez-vous ce préfet montrant le poing aux femmes et aux citoyens réunis sur vos places, parce que tous criaient vive la République ! Vous le rappelez-vous dissolvant les Compagnies de pompiers, déplaçant les instituteurs, cassant les gardes champêtres en un mot se livrant à une orgie d'abus de pouvoir telle que les Bonapartistes en étaient tout saisis d'admiration ! N'oubliez jamais cette période du 16 Mai, et les vexations que vous avez subies pendant sa durée. Vous n'avez à aucune époque été mieux à même de juger les actes du gouvernement personnel, vous l'avez condamné par un verdict de haute justice, c'est bien sans doute, mais de pareilles aventures ne doivent plus se renouveler, la France en mourrait. La sagesse politique consiste à prévoir en se souvenant, donc mes amis, souvenez-vous !

Voyez ce que c'est que d'être sage, mes amis, on est toujours récompensé. Il y a eu des moments pendant le 16 Mai, où nous avons été horriblement agacés, j'en conviens, mais si nous avions eu le malheur de manifester trop haut notre colère, soyez certains que les Fourtou de Broglie et Cie n'eussent pas manqué de saisir l'occasion pour nous traiter en insurgés, et où en serions-nous à l'heure actuelle ? Nous nous en doutons tous. Après le 14 Octobre, quand la France se fut payée la douce satisfaction de donner un vigoureux coup de pied au derrière de ces gens là, tout n'a pas été terminé n'allez pas le croire. La bande des Seize Mayeux était atterrée. mais il lui restait une dernière ressource, le Coup d'Etat. Il en a été fortement question, je n'en veux pour preuve que l'affaire du Major Labordère à Limoges. Qui donc a pu arrêter ces hommes impies dans cette voie infâme ?, Votre calme attitude d'abord, et puis la résolution non équivoque de l'Armée à ne pas leur prêter main forte. On peut faire un coup d'Etat contre une Assemblée on peut massacrer un peuple par surprise, mais de pareils attentats ne réusissent pas toujours, si la France ce qui est à peu près certain à ce moment là s'était dressée toute entière contre les violateurs de la loi, ils auraient pu payer cher leur crime. Si seulement on avait eu le plus petit prétexte mais rien, pas d'émeutes, pas même le moindre geste ou le moindre cri ! comment attaquer une population qui reste chez elle qui travaille paisiblement ! Une pareille attaque serait plus qu'odieuse, elle serait bête. Il y avait bien les chefs de parti, on a même dressé la liste de leurs noms pour les proscrire dans plus d'un département, mais une Démocratie républicaine n'est pas comme une Aristocratie, elle n'a pas à proprement parler de chefs. Si certains hommes semblent être à la tête du mouvement, en réalité ils ne font que le suivre, l'impulsion venant de la masse collective. La mort de M. Ricard qui nous a causé tant de chagrin n'a pas ruiné le parti dans notre circonscription, nous l'avons remplacé par un autre Républicain M. de la Porte et les affaires du parti ne sont pas plus négligées par M. de la Porte qu' elles ne l'étaient par M. Ricard.

Donc si le Coup d'Etat eut tenté de déporter nos hommes politiques la France, ne l'eut probablement pas souffert, si malgré sa résistance ce crime abominable eut été commis, il eut fallu la consulter un jour ou l'autre et alors elle se fut vengée en nommant des Républicains. Les Seize mayeux étaient singulièrement perplexes vous le voyez. La nouvelle Chambre calme et résolue attendait que le Maréchal se décidât à se soumettre ou à se démettre. Il préféra se soumettre, le Ministère du 13 Décembre fut nommé, et la France respira.

Par exemple s'il y eut quelqu'un de peu satisfait: ce fut ce pauvre Mr Petiet. Je me suis demandé bien souvent si ses amis Mrs Monnet et Taillefert l'avaient consulté sur la dissolution de la chambre de 1876? Je ne crois pas qu'il ait été un dissolutionniste bien ardent; il devait avoir comme un vague pressentiment de la veste que nous lui tenions en réserve. On le dit philosophe j'en suis enchanté pour ma part, la Philosophie est nécessaire aux hommes politiques de la trempe de Mr Petiet. Il a le temps de méditer à l'aise sur la fragilité des grandeurs humaines. Il peut être certain que nous ferons en sorte de lui créer le plus de loisirs possibles. S'il ne nous est pas reconnaissant, cela prouvera qu'il est un philosophe doublé d'un homme fort, voila tout. C'est égal, j'y reviens, qui eut dit à Mr Petiet au lendemain de sa victoire de 1876 qu'il serait si promptement remplacé par notre ami Mr de la Porte, eut excité son rire à ce brave homme. Un pareil propos l'eut amusé autant que les calembours de son ami Soreau; eh bien!

il aurait eu tort de rire, mais nous, n'avons nous
pas le droit de nous réjouir de ce qui cause tant de
peine à ses amis? Songez donc aux conséquences
désastreuses pour les bons Badinguets, de la défaite
du Patron: Soreau a dû rendre l'Echarpe, on dit
qu'il l'a remplacée par un crêpe à son chapeau;
Ribouleau (§) a suivi son maire dans sa retraite.
Si, à Rohan-Rohan on savait le latin on dirait
Arcades ambo, mais on l'ignore généralement et
on me saura gré d'employer cette expression vulgaire: *les deux font la paire*.

Mais, mes amis c'est assez parler de Petiet, de
Soreau, de Ribouleau et Cie . Nous avons rempor-
te la victoire au 14 Octobre cette victoire est devenue définitive au 5 Janvier, si définitive que le
Maréchal, ce dernier rempart de la Réaction, après
s'être soumis s'est démis, donnant deux fois raison
à Mr Gambetta que Fourtou avait poursuivi pour
avoir été trop bon prophète. Nous nous sommes
vengés du 16 Mai dans la mesure de nos moyens
c'est à l'autorité Républicaine à faire application
des lois pénales s'il y a lieu aux misérables qui
ont traité la France de la façon que nous savons:
l'heure de la justice est enfin venue, nos députés
remplirons dignement leur devoir, au nom de la
morale et de la dignité nationale outragées.

(1) 15 Février 1879.

J'arrive à la fin de ma tâche, il ne me reste plus qu'à conclure, or ma conclusion vous l'avez pressentie sera: Plus de Révolutions. Les Révolutions avec le suffrage universel ne deviennent possibles qu'au cas où un peuple est assez fou pour se donner un maître. Le jour où il veut briser ses chaînes, un peuple doit lutter, presque toujours il demeure victorieux mais à quel prix? vous le savez. Donc si vous ne voulez plus de Révolutions, commencez par conserver votre liberté avec un soin jaloux. Que votre devise soit celle-ci: Plus de Rois, plus d'Empereurs, mais la République pour toujours! La République est le seul gouvernement compatible avec la liberté; c'est le véritable gouvernement de tout le monde. Avec le système Républicain les changements politiques s'opèrent sans secousses. Avec l'Empire, la maladie du prince, sa mort, la moindre modification du ministère mettent en péril tout le système. Nous avons changé trois fois de Président dans cinq ans, et le pays n'a pas été troublé. Une première fois le renversement du Président a été fait contre lui, sans doute il s'en est ému, mais il a été assez sage pour comprendre que résister à main armée aux hommes qui tentaient de restaurer les rois où les Empereurs, ce serait leur fournir le prétexte de se servir de la force pour arriver à leurs fins. L'attitude pleine de dédain de la Nation, vis-à-vis des de Broglie et des de Fourtou a sauvé la République. Ces conspirateurs capables de tous les forfaits politique ont pris peur, en nous voyant si résolus. Ayons confiance dans l'avenir, mes amis, mais travaillons à le préparer sans cesse. Instruisons - nous et instruisons nos enfants. Il faut à tout prix, connaître nos droits et nos devoirs, la République ne nous refusera pas des livres. Les empereurs et les rois ne peuvent régner que si l'ignorance leur vient en aide. Leurs alliés naturels, sont les frères ignorantins qui abrutissent nos enfants par des superstitions que la raison repousse. Demandons à nos hommes politiques de nous débarrasser de cette plaie. La mission des prêtres n'est pas de ce monde, cependant voyez avec qu'elle avidité ils saisiraient le pouvoir si nous n'y mettions bon ordre? Je ne prétends point qu'on doive les traiter en ennemis, partisan de la liberté, je leur reconnais le droit malgré tout le mal qu'ils en disent, de profiter de ses bienfaits. Mais qu'ils se renferment dans leurs Eglises, ira les y chercher qui voudra.

Autour de ce monde sacerdotal si nombreux et si discipliné, gravitent toutes les coteries politiques qui haïssent la République. Légitimistes, Orléanistes et Bonapartistes, ont un nom commun, tous s'appellent des cléricaux. Défiez-vous de ces coteries. « Le cléricalisme c'est l'ennemi » a dit M.

Gambetta et il a eu mille fois raison. Nous combattrons cet ennemi par la science, il sent bien que la science est l'arme qui doit le frapper au cœur, aussi comme il la maudit chaque jour dans ses journaux, dans ses livres du haut de ses chaires !

Je veux surtout en finissant vous mettre en garde contre nos factieux impérialistes. Ils sont plus cléricaux que leurs alliés, rappelez-vous l'expédition de Rome, Mentana, Napoléon III s'agenouillant devant le Pape parrain de son fils, et soyez bien convaincus que si jamais vous étiez assez coupables pour vous donner un maître, la première chose qu'il ferait ce serait d'envoyer notre armée en Italie pour rétablir le pouvoir temporel des Papes. Les Bonapartistes n'ont obtenu le concours des cléricaux qu'en s'engageant à entreprendre cette guerre impie si jamais ils venaient à mettre la main sur la France comme au 2 Décembre.

Dans l'avenir nous voterons tous pour la République. Nous avons pour notre part, confié à un Républicain éprouvé M. de la Porte le soin de veiller sur elle. Il ne la laissera pas égorger par un Bonaparte comme en 1851. Sa foi et son dévouement nous sont connus, comptons sur lui.

La France est débarrassée de son président monarchique, elle a, à sa tête un vieux Républicain M. Grévy, le vœu que nous formulions plus haut se réalisera enfin: la Liberté avec la République sans Révolutions !

Ch. GANDAILLIER.

Niort, le 20 Février 1879.

FIN.